EXTRAIT
DES ARRESTS

Rendus tant aux Conseils d'Etat & Privé du Roy, qu'au Grand Conseil, contre ceux qui prennent faussement la qualité de Chevalier de l'ancien Ordre du S. Esprit de Montpellier.

A PARIS,

Chez ESTIENNE MICHALLET, premier Imprimeur du Roy, ruë saint Jacques, à l'Image saint Paul,

M. DC. XCVIII.

EXTRAIT DES REGISTRES
du Conseil Privé du Roy.

Du 30. Septembre 1653

SUR les Requeſtes reſpectivement preſentées au Conſeil ; l'une par le ſieur Cardinal Barberin grand Aumônier de France ; la ſeconde par Meſſire Olivier de la Terrade General de l'Ordre de la Milice du ſaint Eſprit, grand Archi-Hoſpitalier de la Chrêtienté , Bernard Giraud Écuyer, Sindic des Gentilhommes ſoldats caducs, & autres Adjoints au ſervice du Roy ; Et Jean - Alexandre Deſecures Chevalier Comte de Lyon , Baron de Châteaufort , Abbé de ſaint Marc de Cormeil, Vicaire Generaliſſime du ſieur de la Terrade ; Et la troiſiéme par M. Gabriel de Lacoüa Prêtre , Aumônier du Regiment des Gardes du Roy , & Chapelain de la Chapelle de ſainte Valere, vulgairement appellée la Charité chrêtienne, fondée au Fauxbourg ſaint Marcel-lez-Paris, tendantes ; ſçavoir celle dudit ſieur Cardinal Barberin, à ce qu'en executant les Arreſts dudit Conſeil & Grand Conſeil des 26. Janvier 1644. & 22. Fevrier 1645. il plaiſe à ſa Majeſté faire défenſes audit ſieur de la Terrade & audit Deſecures, le nommé Planchon & autres, de délivrer aucunes Proviſions des Hôpitaux, Hôtels-Dieu, Maladeries & autres lieux pieux, à peine de faux, punition

A ij

corporelle, quatre mil livres d'amande, dépens, dommages
& interefts ; & à ceux qui en font pourvû de fe fervir
defdites prétenduës Provifions fur pareilles peines, faire
main-levée des faifies faites en confequence ; Et pour la
contravention dudit de la Terrade, declarer la peine de
cinq mil livres portée par lefdits Arreft des 26. Janvier
1644. & 22. Fevrier 1645. encouruë à l'encontre de luy ;
au payement de laquelle il fera folidairement contraint
avec lefdits Defecures & Planchan fes prétendus grand
Vicaire & Secretaire, comme pour deniers Royaux ; Et
fans s'arrefter aux pourfuites & procedures par eux faites
au Parlement de Paris, renvoyer les parties au grand Confeil, à cette fin luy en attribuer toute Cour & Jurifdiction,
& l'interdire à tous autres Juges : Celle dudit de Lacoüa,
à ce que fans s'arrefter à l'Arreft & Ordonnance dudit
Pàrlement de Paris des 11. & 6. Septembre 1653. qui feroient caffez, il plaife à fadite Majefté renvoyer lefdits
la Terrade, Giraud & Defecures audit grand Confeil,
pour y proceder fuivant les derniers erremens : Et que les
Arrefts d'iceluy du 7. Septembre 1624. 20. Juin 1650. 2.
& 10. dudit mois de Septembre 1653. feroient executez
felon leur forme & teneur, défenfes à eux de fe plus pourvoir audit Parlement pour raifon de ce dont eft queftion,
à peine de trois mil livres d'amande, dépens, dommages
& interefts : Et celle defdits fieurs de la Terrade, Giraud,
& Defecures, à ce qu'il plaife à fa Majefté ordonner, que
ledit Defecures feroit élargi des prifons où il a efté mis,
pourvû qu'il n'y foit detenu pour autre caufe qu'en vertu
de l'Arreft dudit grand Confeil ; que ledit de Lacoüa feroit affigné au Confeil pour fe voir regler de Juges d'entre
ledit Parlement & ledit grand Confeil ; cependant faire
défenfes aufdits de Lacoüa & tous autres, de les troubler
en la poffeffion & joüiffance dudit Hôpital de faint Marcel, à peine de trois mil livres d'amande, dépens, dommages & interefts.   Vû lefd. Requeftes ; celle dudit fieur
Cardinal Baberin, fignée Champhuon Avocat audit Confeil, celle dudit de Lacoüa fignée Camus, & celle defd.

sieurs de la Terrade, Desecures & Giraud, signée Mal-
leau aussi Avocat audit Conseil : Arrest dudit grand
Conseil du 26. Janvier 1644. intervenu sur la Requeste
dudit feu sieur Cardinal de Lyon, par lequel défenses sont
faites audit de la Terrade de pourvoir ausdits Hôpitaux,
Hôtels-Dieu & Maladeries : Autre Arrest dudit grand
Conseil du 2. Fevrier 1645. qui réitere lesd. défenses, avec
main-levée des saisies y mentionnées : Provisions données
par ledit sieur de la Terrade du 25. Juin 1653. de la Maladerie d'Herbonniere à Adrien de la Vigaud, signée
Planchon, avec l'Acte de prise de possession faite en consequence : Autres Provisions de la Maladerie de Lusarche
du 7. Septembre 1653. en faveur du nommé Royaton,
signifiée au nommé Tardif Admodiateur de ladite Maladerie : Arrest du Parlement de Paris du 3. dudit mois de
Septembre, obtenu par lesdits de la Terrade & Desecures,
portant défenses de se pourvoir ailleurs qu'en iceluy ; lesdits Arrests du Grand Conseil des 7. Septembre 1624. du
20. Juin 1650. 2. & 10. Septembre 1653. rendus au profit
dudit de Lacoüa : Le procés verbal d'emprisonnement
dudit Desecures és prisons du Fort-l'Evêque , en vertu
dudit Arrest du grand Conseil du 13. dudit mois : Requeste
presentée audit Parlement par lesdits la Terrade, Giraud
& Desecures, pour estre reçûs opposans dudit Decret du
grand Conseil, & afin d'élargissement dudit Desecures ;
sur laquelle auroit esté ordonné, que les parties en vien-
droient à la Chambre des Vaccations : Edit du Roy, &
Declaration de sa Majesté des années 1606. & 1608. avec
deux Arrests dudit Parlement de Paris des 27. Octobre
1651. & dernier Avril 1652. Ouy le Rapport du Sieur de la
Marguerie Conseiller du Roy en ses Conseils , Maistre
des Requestes ordinaire de son Hôtel, Commissaire à ce
député : Tout consideré. LE ROY EN SON CONSEIL
a ordonné & ordonne , Qu'aux fins desdites Requestes
parties seront sommairement oüyes pardevant le Sieur
Laisné Commissaire à ce député, pour à son Rapport leur
estre fait droit ainsi qu'il appartiendra : Et cependant a

fa Majesté furcis toutes pourfuites ailleurs qu'audit Confeil, jufqu'à ce qu'autrement en ait esté ordonné. Fait
au Confeil Privé du Roy, tenu à Paris le trentiéme jour
de Septembre mil fix cent cinquante-trois. Collationné.
Signé, CARRE'.

ARREST

DU CONSEIL PRIVE' DU ROY,

Qui fait défenfes au Sieur de la Terrade de recevoir
aucuns Religieux, ny de délivrer des Provifions
d'aucuns Hôpitaux ou Maladeries ; & à toutes
perfonnes de s'en aider à peine de punition corporelle.

Du 23. Decembre 1653.

Extrait des Regiftres du Confeil Privé du Roy.

ENtre le Sieur Cardinal Barberin Grand Aumônier
de France, demandeur en une des trois Requeftes
refpectivement prefentées au Confeil, & Arreft intervenu
fur icelles le 30. Septembre 1653. d'une part ; & Meffire
Olivier de la Terrade General de l'Ordre de la Milice
du S. Efprit, grand Archi Hofpitalier de la Chrêtienté ;
Bernard Giraud Chevalier, Sindic des Gentils-hommes,
Soldats caducs, & autres Adjoints au fervice du Roy ;
& Jean-Alexandre Defecures Chevalier Comte de Lyon,
Baron de Chafteaufort, Abbé de faint Marc de Cormeille,
Vicaire Generaliffime dudit fieur de la Terrade, défendeurs d'autre : & entre lefdits fieurs de la Terrade, Giraud, Adjoints, Sindics, & Defecures demandeurs en
autres defdites trois Requeftes, & fuivant ledit Arreft cy-
deffus datté, d'une part ; & ledit fieur Cardinal Barbe-

rin, & M. Gabriel de Lacoüa Prêtre, Aumônier du Regiment des Gardes du Roy, & Chapelain de la Chapelle de fainte Valere, vulgairement appellée la Charité chrétienne, fondée au Fauxbourg faint Marceau-lez-Paris, défendeurs d'autre ; Et entre ledit de Lacoüa demandeur en la troifiéme defdites Requeftes, & fuivant ledit Arreft du Confeil cy-deffus datté, d'une part ; Et lefdits de la Terrade, Giraud Sindic, Adjoints, & Defecures, défendeurs d'autre : Et encore ledit fieur Giraud Sindic, Julien Carronge fieur des Noiers, Adjoint audit Sindic, Nicolas Adnet fieur de la Perriere, auffi Adjoint, Jean Chevalier, André le Duc, dit la Charité, François de faint Aulbin, George Marchand, & Chriftophe de la Plaine dit de faint Amant, & autres prétendans eftre compris dans la prife de poffeffion du mois d'Aouft audit an 1653. & demandeurs en Requefte par eux prefentée au Confeil, & fuivant l'Arreft intervenu fur icelle du 21. Novembre audit an 1653. d'une part ; Et ledit de Lacoüa défendeur d'autre : Et encore ledit fieur Cardinal Barberin demandeur en Requefte verbale inferée au procés verbal du fieur Poncet Commiffaire à ce député, du dernier Octobre audit an 1653. d'une part ; Et lefdits fieurs de la Terrade & Defecures défendeurs d'autre : Et encore ledit de Lacoüa auffi demandeur en Requefte verbale inferée à autre procés verbal dudit fieur Poncet du 29. Novembre audit an, d'une part ; Et lefdits Giraud, Carronge, Adnot, Chevalier, le Duc, de faint Aulbin, Marchand, de la Plaine & autres, défendeurs d'autre part, fans que les qualitez puiffent nuire ny prejudicier aux parties. Vû par le Roy en fon Confeil lad. Requefte prefentée en iceluy par ledit fieur Cardinal Barberin, tendante à ce qu'en executant les Arrefts dudit Confeil & grand Confeil des 26. Janvier 1644. & 22. Fevrier 1645. il pluft à fa Majefté faire défenfes audit fieur de la Terrade, & audit Defecures, le nommé Planchon & autres, de délivrer aucunes provifions des Hôpitaux, Hôtels-Dieu, Maladeries, & autres lieux pieux, à peine de faux,

punition corporelle, quatre mil livres d'amande, dépens,
dommages & interefts ; & à ceux qui en font pourvûs de
fe fervir defdites prétenduës provifions fur pareilles peines ; faire main-levée des faifies faites en confequence,
& pour la contravention dudit de la Terrade , declarer
la peine de fix mil liv. portez par lefdits Arrefts des 26.
Janvier 1644. & 22. Fevrier 1645. encouruë à l'encontre
de luy ; au payement de laquelle il fera folidairement
contraint avec lefdits Defecures & Planchon fes preten-
dus Grand Vicaire & Secretaire, comme pour deniers
Royaux ; & fans s'arrefter aux pourfuites & procedures
par eux faites au Parlement de Paris, renvoyer les parties audit grand Confeil ; à cette fin luy en attribuer
toute Cour & Jurifdiction , & l'interdire à tous autres
Juges : Ladite Requefte prefentée audit Confeil par lefdits fieurs de la Terrade , Giraud, Adjoints, & Defecures, tendante à ce qu'il pluft à fa Majefté ordonner que
ledit Defecures foit élargi des prifons où il a efté mis,
pourvû qu'il n'y foit détenu pour autre caufe qu'en vertu
de l'Arreft dudit grand Confeil ; que fedit de Lacoüa
feroit affigné audit Confeil, pour fe voir regler de Juges
entre ledit Parlement de Paris, & ledit grand Confeil ;
cependant faire défenfes audit de Lacoüa & tous autres
de les troubler en la poffeffion & joüiffance dudit Hôpital de faint Marcel , à peine de trois mil livres d'amande,
dépens, dommages & interêts : Ladite Requefte prefentée au Confeil par ledit de Lacoüa , tendante à ce que fans
s'arrefter à l'Arreft & Ordonnance dudit Parlement de
Paris des 11. & 16. Septembre 1653. qui feront caffez, il
pluft à fa Majefté renvoyer lefdits de la Terrade, Giraud,
& Defecures audit grand Confeil , pour y proceder fuivant les derniers erremens ; & que les Arrefts d'iceluy des
7. Septembre 1624. 20. Juin 1550. 2. & 10. Septembre 1653.
feroient executez felon leur forme & teneur, défenfes à
eux de fe plus pourvoir audit Parlement pour raifon de ce
dont eft queftion, à peine de trois mil livres d'amande,
dépens, dommages & interêts : Ledit Arreft du Confeil
dudit

dudit jour 30. Septembre audit an 1653. intervenu sur lesd. trois Requeftes, par lequel eft ordonné qu'aux fins d'icelles les parties feroient fommairement ouyes pardevant le fieur Commiffaire à ce député, pour leur être fait droit à fon Rapport ainfi qu'il appartiendra ; & cependant furcis à toutes pourfuites ailleurs qu'aud. Confeil: Et au bas font les Exploits de fignifications du 2. Octobre enfuivant. Ledit procés verbal dudit jour 31. defdits mois & an, portant Reglement fommaire pris entre les parties audit Confeil, contenant ladite Requefte verbale dudit fieur Cardinal Barberin, tendante à ce que défenfes foient faites ; fçavoir, audit fieur de la Terrade de prendre cy-aprés lad. qualité de General de l'Ordre du faint Efprit, & d'Archi-Hofpitalier de la Chrêtienté ; & audit Defecures celle de fon Vicaire Generaliffime, fous telles peines qu'il plaira au Confeil d'ordonner ; & que le Contrat fait entre ledit Defecures & les Gentilshommes, Capitaines & Soldats eftropiez au nombre de cent deux, paffé pardevant Notaires au Chaftelet de Paris du 27. Aouft audit an 1653. foit fupprimé, & à cette fin la Minutte rapportée au Confeil par Caffard l'un defd. Notaires, à ce faire contraint par corps, fauf à prendre autres conclufions. Ladite Requefte prefentée au Confeil par lefdits fieurs Giraud, Carronge, Adnot, Chevalier, le Duc, de faint Aulbin, Marchand, de la Plaine, & autres, tendante à ce qu'ils euffent Acte de la comparution perfonnelle qu'ils ont faite au Greffe du Confeil ; & attendu icelle il pluft à fa Majefté ordonner que les charges & informations faites audit grand Confeil feroient apportées au Greffe du Confeil, à ce faire le Greffier contraint par corps ; & cependant mettre lefdits fieurs Giraud, Carronge & confors en la protection de fa Majefté, avec défenfes à tous Huiffiers & Sergens d'attenter à leurs perfonnes & biens, faire main-levée des faifies faites en vertu des Decrets dudit grand Confeil, & les gardiens déchargez. Ledit Arreft du Confeil du 21. Novembre audit an 1653. intervenu fur ladite Requefte, portant que

fur les fins d'icelles les parties feroient fommairement
oïves pardevant le Rapporteur de l'Inftance, & les charges & informations apportées au Greffe du Confeil pour
eftre fait droit aux parties ainfi qu'il appartiendra ; &
cependant en confequence de ladite comparution perfonnelle, furcis l'execution dudit Decret intervenu au préjudice de l'Inftance de Reglement de Juges, pendante
audit Confeil ; & au bas font les Exploits de fignification
du 26. defdits mois & an. Ledit procés verbal dudit jour
29. dudit mois de Novembre 1653. portant Reglement
fommaire pris au Confeil entre les parties, & joint à
l'Inftance principale, fauf à disjoindre s'il y échet, contenant ladite Requefte dudit fieur de Lacoüa, tendante
à ce qu'il pluft au Confeil ordonner que ledit Arreft dudit jour 21. Novembre audit an 1653. fera rapporté comme obtenu par furprife & fur un faux expofé ; & Acte
audit fieur Cardinal & de Lacoüa de ce qu'ils ont em-
ployé pour production leurs dires inferez audit procés verbal, & ce qu'ils ont écrit & produit. Copie de Lettres
Patentes en forme de Declaration de fa Majefté, veri-
fiées audit grand Confeil, contenant l'établiffement de
la Chambre generale de Reformation des Hôpitaux &
Maladeries, des 24. Octobre, 12. Novembre 1612. & 16.
Juillet 1613. Arreft du Confeil du 26. Janvier 1644. obtenu fur Requefte par le fieur Cardinal de Lion grand
Aumônier de France, contre le fieur de la Terrade. Copie d'Arreft dudit grand Confeil du 22. Fevrier 1645.
obtenu fur Requefte par le fieur Procureur General en
iceluy, contre ledit de la Terrade : copie de Commiffion
dudit grand Confeil du 10. Janvier 1650. obtenuë par les
Agens & Sindics des Gentilhommes & Soldats eftropiez:
copie d'Arreft dudit grand Confeil du 20. Juin audit an,
donné enfuite de ladite Commiffion, au profit dudit de
Lacoüa · copie de Lettres de Provifions du 25. Juin 1653.
dudit fieur de la Terrade, en faveur de M. André de la
Vigne Prêtre : autre copie de Provifions du 11. Septembre
audit an, dudit fieur de la Terrade, en faveur d'Etienne

Royaton : copie d'Arreſt du Conſeil du premier Septembre 1611. copie dudit Contrat dudit jour 27. Aouſt
1653. copie de Lettres Patentes des 12. Mars 1608. & 9.
Aouſt 1609. en faveur d'Antoine Pons : Extrait des Edits
des 12. May 1561. & 8. Mars 1580. touchant les Hôpitaux
& Maladeries , & les plaintes du Clergé : copie de Lettres
Patentes du 18. Juin 1618. en faveur dudit ſieur de la Terrade : copies d'Arreſts du Parlement d'Aix des 27. Novembre 1608. & 19. Juillet 1610. confirmatifs deſdites Lettres Patentes : Deux Lettres de Cachet de ſa Majeſté du
15. Janvier 1621. aux premier Preſident & Procureur General du Parlement de Bordeaux en faveur dudit ſieur de
la Terrade : cahier imprimé d'Arreſt du Conſeil , &
Articles des 16. Decembre 1614. & 3. Fevrier 1615. touchant la revocation de ladite Chambre de Reformation
des Hôpitaux : Acte de Viſite du 31. Aouſt 1653. faite par
ledit ſieur Deſecures dans ledit Hôpital ſaint Marcel :
Certificat du premier Septembre audit an , du ſieur de
Plenevault Religieux dudit Ordre du ſaint Eſprit, comme
ledit ſieur de Lacoüa luy a ledit jour refuſé l'entrée audit
Hôpital ſaint Marcel pour y aller celebrer la Meſſe :
copie d'Arreſt dudit grand Conſeil du 2. Septembre audit
an 1653. donné ſur la Requeſte dudit de Lacoüa, portant
entr'autres choſes contrainte par corps contre ledit ſieur
Deſecures , faute de rendre les clefs dudit Hôpital ſaint
Marcel : Eſcroüe de la perſonne dudit ſieur Deſecures au
Fort-l'Evêque du 13. deſdits mois & an , en vertu dudit
Arreſt dudit jour 2. Septembre audit an 1653. & d'autre
Arreſt non datté : Requeſte preſentée audit Parlement
de Paris à la Chambre des Vaccations , du 16. deſdits
mois & an , par leſdits ſieurs de la Terrade , Giraud &
Deſecures , aux fins de l'élargiſſement dudit Deſecure ,
& caſſation de ſondit empriſonnement : Arreſt dudit Parlement donné ſur autre Requeſte du 11. deſdits mois &
an , preſentée par ledit ſieur de la Terrade , & par ledit
ſieur Giraud , portant permiſſion de faire aſſigner audit
Parlement qui bon leur ſembleroit, & cependant défenſes

de se pourvoir ailleurs, signifié le 18. desdits mois & an :
Acte de sommation du dix desdits mois & an , faite par
lesdits sieurs Desecures & consorts, de leur bailler copie de l'Arrest du grand Conseil , en vertu duquel
ledit de Lacoüa l'a fait emprisonner : Lettres de Provisions
du 22. Fevrier 1623. expediées audit de Lacoüa par le
sieur Cardinal de la Rochefoucault grand Aumônier de
France : Lettres de Provisions & Collation de ladite
Chapelle du 25. desdits mois & an , expediées en commandement par sa Majesté audit de Lacoüa ; Et au dos
est l'Acte d'insinuation : Acte de prise de possession de
ladite Chapelle du 23. dudit mois de Fevrier, & 7. Aoust
1623. en faveur dudit sieur de Lacoüa : Arrest dudit grand
Conseil du 10. Septembre 1653. obtenu sur Requeste par
ledit sieur de Lacoüa, vû les charges & informations y
énoncées, est decerné Decret de prise de corps contre
lesdits la Plaine, Chevalier , & deux hommes vêtus de
noir : Procés verbal d'emprisonnement du 13. desdits mois
& an , de la personne dudit Desecures au Fort-l'Evêque
en vertu desdits deux Arrests du grand Conseil desdits
jours 2. & 10. Septembre audit an 1653. Cahier imprimé
contenant un Brevet , un Edit & un Arrest du Conseil
des 6. Fevrier 1603. du mois de Juillet, & 5. Aoust 1604.
données au profit desdits Gentilshommes estropiez , pour
raison de ladite Chapelle de la Charité chrêtienne :
copie d'Edit de sa Majesté du 7. Juillet 1606. fait en faveur desdits Gentilshommes & Soldats estropiez , pour
raison de ladite Chapelle : Ecritures & Productions des
Parties , & tout ce que par elles a esté mis & produit
pardevers le Sieur Poncet Commissaire à ce député : Ouy
son Rapport : Et tout consideré. LE ROY EN SON
CONSEIL , faisant droit sur ladite Instance , a renvoyé
& renvoye toutes les parties, sur leurs Procés & differens , au grand Conseil ; fait défenses sadite Majesté
audit Parlement de Paris , & autres Juges d'en prendre
connoissance : Et cependant fait défenses audit de la
Terrade de recevoir aucuns Religieux , ny de délivrer

des Proviſions d'aucuns Hôpitaux ou Maladeries ; & à toutes perſonnes de s'en aider à peine de punition corporelle ; & condamne leſdits de la Terrade, Giraud & Deſecures ſolidairement aux dépens envers ledit ſieur Cardinal Barbarin & ledit de Lacoüa. Fait au Conſeil Privé du Roy, tenu à Paris le vingt-troiſiéme jour de Decembre mil ſix cens cinquante-trois. Collationné. Signé, FORCOAS.

ARREST

DU CONSEIL D'ETAT DU ROY,

Contre certains particuliers ſe diſans Chefs, Generaux, Archi-Hoſpitaliers, Coadjuteurs, Vicaires Generaux, Commiſſaires, Officiaux, Promoteurs, Procureurs Generaux, Officiers, Commandeurs & Religieux de l'Ordre du S. Eſprit.

Du II. Avril 1654.

Extrait des Regiſtres du Conſeil d'Etat.

SUR ce qui a eſté repreſenté au Roy en ſon Conſeil, que certains particuliers, ſe diſans Generaux, Archi-Hoſpitaliers, Coadjuteurs, Vicaires Generaux, Commiſſaires, Officiaux, Promoteurs, Procureurs Generaux, Officiers, Commandeurs & Religieux de l'Ordre du ſaint Eſprit, abuſans de la foibleſſe & facilité des perſonnes ſimples & credules, leur baillent Proviſions de Benefices, Aumôneries, Hôpitaux & Maladeries, qui ne ſont point & ne furent jamais dépendantes dudit Ordre ; exigent pour cela de grandes ſommes de deniers, inſtalent ceux qui en ſont pourvûs, font violence & trouble aux legiti mes poſſeſſeurs ; prennent & enlevent les fruits , font actes de Juriſdiction , s'aſſemblent & s'attroupent pour tenir la main à l'execution des Ordonnances de ceux qui ont autorité parmy eux ; & ſous prétexte de Privileges, donnent l'Habit, & reçoivent à profeſſion toute ſorte de perſonnes, de toute qualité , âge & ſexe ; meſme ceux qui ſont ſortis d'autres Monaſteres , & ont abandonné leur Ordre & Religion ſans permiſſion & licence de leurs Superieurs : A quoy il eſt beſoin de pourvoir , pour reprimer les abus ſcandaleux à l'Egliſe , & préjudiciables tant aux droits & autorité du Roy , & des Patrons & Collateurs du Royaume, que des parties intereſſées : Le Roy en son Conseil , a ordonné & ordonne, Que dans un mois pour tous délais, tous ceux qui ſe prétendent Chefs, Generaux, Officiers, Commandeurs ou Relieux dudit Ordre , ſeront tenus rapporter & mettre és mains de ſon Procureur General en ſon Grand-Conſeil, les Actes de Reception & Profeſſion audit Ordre, enſemble les Titres & Pieces juſtificatives de leurs qualitez, & mettre au Greffe dudit Grand-Conſeil le Poulié des Benefices, Offices & Adminiſtrations dépendans dudit Ordre ; autrement & à faute de ce faire dans ledit temps , & iceluy paſſé, Ordonne ſadite Majeſté , qu'ils ſeront ſaiſis, arreſtez & conſtituez priſonniers dans les Priſons du Fort-l'Evêque , & le procés criminel à eux fait & parfait à la requeſte dudit Procureur General audit Grand-Conſeil, auquel à cette fin , deſdits cas, circonſtances & dépendances , ſadite Majeſté en a attribué toute Cour, Juriſdiction & connoiſſance , & icelle interdite à tous autres Juges : Leur faiſant cependant ſadite Majeſté défenſes de faire aucune fonction deſdits prétendus Offices, ny de diſpoſer deſdits Benefices , Offices & Adminiſtrations, à peine de punition corporelle. Fait au Conſeil d'Etat du Roy , tenu à Paris le onziéme jour d'Avril mil ſix cens cinquante-quatre. Signé , Catelan.

ARREST

DU CONSEIL PRIVE' DU ROY,

Pour le rétabliſſement de l'Ancien Ordre du S. Eſprit originaire de France.

Du 19. May 1656.

Extrait des Regiſtres du Conſeil Privé.

SUR ce qui a eſté remontré au Roy en ſon Conſeil, Que pluſieurs Arreſts cy-devant intervenus en iceluy pour le rétabliſſement de l'ancien Ordre des Hoſpitaliers du S. Eſprit, premierement étably en ſon Royaume ; enſemble pour l'examen d'aucuns particuliers ſoy diſans Religieux, Commandeurs, Officiers, Archi-hoſpitaliers, & Generaux dudit Ordre, notamment celuy du onziéme Avril 1654. ſont demeurez ſans execution : A quoy il eſt neceſſaire de pourvoir pour le bien public & particulier dudit Ordre : Oüy le Rapport du Sieur Poncet Conſeiller de ſa Majeſté en ſes Conſeils, & Maiſtre de Requeſtes ordinaire de ſon Hoſtel, & tout conſideré. LE ROY EN SON CONSEIL a ordonné & ordonne, Que ceux qui ſe ſont dits cy-devant, ou ſe prétendent Generaux, Commandeurs, Officiers & Religieux dudit Ordre du ſaint Eſprit, qui ſont preſentement en cette Ville de Paris, repreſenteront dans trois jours pour tous délais pardevant le Sieur Poncet, leurs Titres, Capacitez, Brefs, Bulles, Proviſions, & autres Actes concernans leurſdites qualitez, & de leurs Auteurs, pour eſtre examinez par les ſieurs Archevêque de Touloufe, Evêques de Meaux, de Montpellier, de Tulle, l'Abbé Poncet, Seguier, le Maiſtre, Leſtocq Docteurs de Sorbonne, & le Pere Anat Confeſ-

ſeur de ſa Majeſté ; & ſur le tout donné avis à ſa Majeſté.
Et à l'égard de ceux qui ſont hors de Paris , ſeront aſſi-
gnez audit Conſeil, aux meſmes fins dans les délais ordi-
naires ; pour ce fait, & ledit Avis rapporté audit Conſeil
par ledit ſieur Commiſſaire, y eſtre pourvû par ſa Majeſté ainſi qu'il appartiendra.   Fait au Conſeil Privé du
Roy, tenu à Paris le 19. jour de May 1656. Collationné ,
Signé, M A I S S A T , & ſcellé.

Avis donné au Roy par les Prelats & Docteurs deputez
par ſa Majeſté pour le Reſtabliſſement de l'Ordre du
S. Eſprit, ſur le Veu d'un grand nombre de Pieces.

LES Commiſſaires ſouſſignez donnent Avis au Roy ,
Qu'il eſt de la pieté & de la grandeur de ſa Majeſté
de favoriſer le rétabliſſement de l'ancien Ordre des Hoſpitaliers du S. Eſprit, conformément aux Lettres de Declaration des Rois ſes Predeceſſeurs ; d'autant plus qu'il
a pris naiſſance en ſon Royaume, & qu'il a eſté fondé en
ſa Ville de Montpellier, d'où il s'eſt répandu dans tous
les autres Royaumes de la Chrêtienté , où il eſt encore
fleuriſſant.
   II. Et ſur ce qu'il a déja plû à ſadite Majeſté de faire
expedier en ſon Conſeil diverſes Commiſſions à l'effet dudit rétabliſſement , & pour l'examen des Religieux François dudit Ordre, ſans pour cela qu'aucun d'eux ſe ſoit mis
en devoir de repreſenter ſes Titres & Capacitez en con-
ſequence des Arreſts du 19. May & 12. Decembre 1656.
(horſmis ledit Gaultier qui a juſtifié de ſon état de Religieux Profez de l'Ordre des Hoſpitaliers du S. Eſprit par
divers Actes, même par Bref de ſa Sainteté du dernier
Aouſt 1655. & de ſa qualité de Commandeur du ſaint Eſprit de Montpellier , par deux Proviſions de Cour
de Rome, l'une du 4. Saptembre 1655. l'autre du 22. Janvier 1656. & par ſa Priſe de Poſſeſſion du 4. Decembre
1656.

1656. lefquels ont efté examinez & trouvez en bonne forme.) Qu'il eft neceffaire de faire executer lefdits Arrefts
à l'égard des nommez Aubry, Lefcoray, le Beuf, Defecures, & autres qui fe qualifient Religieux dudit Ordre,
& pourvûs de ladite Commanderie. Et cependant de
leur faire tres-expreffes inhibitions & défenfes de prendre aucune qualité dans ledit Ordre, ny d'en porter l'Habit & la Croix, fur peine de prifon, & d'autre punition
exemplaire.

III.   Pour ce qui eft de la Commanderie Generale du
S. Efprit de Montpellier , Que fa Majefté faifant droit
fur les differends des parties , peut garder & maintenir
ledit Gaultier en la pleine poffeffion & joüiffance d'i-
celle, avec tous fes droits & prerogatives , fruits , profits,
revenus & émolumens, appartenances & dépendances ;
avec défenfes aux fufnommez Aubry, Lefcoray, le Beuf,
Defecures, & tous autres , de troubler ledit Gaultier fous
quelque prétexte que ce foit , ny de pourfuivre aucune
audiance à cette fin, fans avoir au préalable fubi l'Examen porté par lefdits Arrefts ; & pour le trouble à luy
déja fait, eux condamnez aux dépens, avec reftitution
des fruits depuis leur prife de poffeffion , en faveur des
pauvres ; à quoy ils feront contraints par toutes voyes
dûës & raifonnables, nonobftant oppofition ou appella-
tion quelconques.

IV.   Et afin de donner moyen audit Gaultier de tra-
vailler plus utilement au rétabliffement dudit Ordre,tant
en fon chef , comme en fes membres ; Que fa Majefté
peut declarer eftre fon intention qu'il y travaille avec
l'avis & affiftance des Sieurs Archevêques & Evêques de
fon Royaume , chacun en fon Diocefe.

V. Comme auffi , Que les Hôpitaux du S. Efprit foient
fidelement adminiftrez par les Religieux Profez dudit
Ordre, fuivant les Statuts & Coûtumes de la Religion, &
les Bulles des Souverains Pontifes.

VI. Sans que deformais les Religieux des autres Ordres
viennent à eftre transferez en celuy du S. Efprit, fi ce

n'eſt pour bonnes cauſes , & ſelon la diſpoſition du Droit commun & les Decrets des Papes.

VII. Et d'autant que les Commanderies du S. Eſprit ſont diſperſées par toutes les Provinces de France, & qu'il eſt beaucoup plus avantageux audit Ordre que les Differens qui pourront naiſtre pour raiſon des biens d'icelles , ſoient terminez par des Juges voiſins & naturels, que par d'autres qui en ſont éloignez : Que pour ces cauſes & autres bonnes conſiderations, ſa Majeſté peut évoquer à ſoy la connoiſſance des affaires de l'Ordre du S. Eſprit ; & en confirmant les Lettres Patentes du Roy Henry IV. du 12. Mars 1608. l'a renvoyer à ſes Cours de Parlement , privativement à tous autres Juges , nonobſtant toutes Lettres d'Attribution à ce contraires ; laiſſant au bon plaiſir du Roy de faire droit ſur le ſurplus des Concluſions dudit Gaultier. Fait à Paris le 25. Mars 1657. Signez ;

MARCA , Archevêque de Touloufe.
SEGUIER Evêque de Meaux.
GURON Evêque de Tulle.
L'ABBE' PONCET.
SEGUIER Theologal de Paris.
LE MAISTRE Profeſſeur en Sorbonne.
DE LESTOCQ Profeſſeur du Roy en Sorbonne.
M. PONCET Maiſtre des Requeſtes, Rapporteur dudit Avis.

ARREST

DU CONSEIL PRIVE' DU ROY,

Portant défenses aux nommez le Beuf, Defecures, d'Aubry le Cornay, & tous autres, de porter le nom ny les marques de Commandeurs, Officiers ou Religieux de l'Ordre du S. Efprit de Montpellier : Et qui ordonne que Frere Nicolas Gaultier joüira des fruits, profits, revenus & émolumens de ladite Commanderie.

Du 7. Septembre 1657.

Extrait de l'Arreſl du Conſeil du Roy, rendu en conſe-quence de l'Avis des Commiſſaires nommez par Sa Majeſté pour examiner ſi le Reſtabliſſment de l'Ordre du S. Eſprit de Montpellier eſtoit neceſſaire ou non.

VEU au Conſeil du Roy l'Arreſt donné en iceluy ſur les Remontrances faites à Sa Majeſté pour le rétabliſſement de l'Ordre du S. Eſprit, du 9. de May 1656. portant que ceux qui s'étoient dits cy-devant, ou ſe prétendoient encore Generaux, Commandeurs, Officiers ou Religieux dudit Ordre, eſtans pour lors en cette Ville de Paris, repreſenteroient dans trois jours, pour tout délay, pardevant le Sieur Poncet, Conſeiller du Roy en ſes Conſeils, Maiſtre des Requeſtes ordinaire de ſon Hoſtel, Commiſſaire à ce député, leurs Titres & Capacitez, Brefs, Bulles, Proviſions, & autres Actes concernans leurſdites qualitez, & celles de leurs Auteurs, pour eſtre examinez par les Sieurs Archevêque de Touloufe, Evêques de Meaux, Montpellier & Tulles, l'Abbé Poncet, l'Abbé Seguier, le Maiftre, & de l'Eftorcq Docteurs de Sorbonne , & le Pere Anat Confeffeur de Sa Majefté ; pour fur le tout donner leur Avis à Sa Majefté, & iceluy rapporté audit Confeil , y eftre pourvû par fadite Majefté ainfi qu'il appartiendra : Les Exploits de fignification dudit Arreft à FreresNicolas Gaultier, Defecures, le Beuf, d'Aubry, & Jean le Cornay, pour Eftienne le Cornay fon fils, tous prenans diverfes qualitez dans ledit Ordre, & refidans à Paris, du 25. dudit mois : Iteratif Commandement de par le Roy aufdits le Beuf, Defecures, d'Aubry & le Cornay, d'obéïr audit Arreft, du 3. de Juin enfuivant : Procés verbal du Sieur Poncet, avec les pieces y attachées, contenant les dires & comparutions defdites Parties, & l'Ordonnance dudit Commiffaire au bas d'iceluy, du 29. de May audit an : Arreft fur la Requefte dudit Gautier , portant jonction d'icelle audit Procés verbal, & que les Prelats & Docteurs députez donneroient leur Avis fur le tout à Sa Majefté, du 12. d'Octobre audit an : Arreft par lequel le Roy, faifant droit fur ledit Procés verbal, & Requefte dudit Gautier, & conformément audit Avis , auroit ordonné , que fur le tout les parties procederoient audit Confeil, ainfi qu'elles euffent pû faire avant les Arrefts des onze Avril 1654. & 27. de Juillet 1655. & pour cet effet qu'elles reprefenteroient leurs Titres & Capacitez, & de leur Auteurs ; & fur le principal de leurs differens écriroient & produiroient dans huitaine pour toutes préfixions & délais, fans autres forclufions ny fignifications de Requeftes ; pour par lefdits Sieurs Commiffaires nommez dans ledit Arreft du 19. May 1656. donner Avis à Sa Majefté, tant fur lefdits differens, que fur les utilitez & avantages du rétabliffement dudit Ordre, du 12. de Decembre audit an . Exploits de fignification dudit Arreft aufdits Defecures, le Beuf, d'Aubry & le Cornay du 13. dudit mois : Forclufions pures & fimples obtenuës par ledit Gaultier du 23. du même mois , & Significations d'icelles du 29. defdits mois & an 1656. Les Titres & Capacitez dudit Gaultier

en bonne forme ; ſçavoir, ſes Lettres de Clericature du
29. Aouſt 1615. les Actes concernans ſa Reception, Profeſſion & Renovation de ſes Vœux dans l'Ordre du ſaint
Eſprit, de divers dattes ; copie du Decret de la Congre-
gation des Cardinaux ſur les affaires des Regales, auto-
riſant ladite Profeſſion ſous le bon plaiſir de Sa Sainteté,
du 9. de Juillet 1655. Bref de Noſtre S. Pere le Pape Alexandre VII. donné de l'avis deſdits Cardinaux, par lequel d'abondant Sa Sainteté approuve, valide & confir-
me entant que beſoin ſeroit, la Profeſſion dudit Gaultier
audit Ordre du S. Eſprit, du dernier Aouſt enſuivant ;
deux Proviſions de Cour de Rome pour la Commanderie
du S. Eſprit de Montpellier en faveur dudit Gaultier, des
4. de Septembre 1655. & 26. de Janvier 1656. Certificat
de l'Ambaſſadeur de France, & la lettre miſſive du Banquier de Rome touchant le procedé des Officiers de la
Datterie ſur l'expedition deſdites Proviſions, du 29. de
Novembre & premier de Decembre audit an ; Acte de
Priſe de Poſſeſſion dudit Gaultier preſent ſur les lieux, ſans
nulle oppoſition, du 4. deſdits mois & an ; Livre imprimé
contenant la Regle, Etabliſſement, Statuts & Privileges
Apoſtoliques dudit Ordre du S. Eſprit ; Extrait de la
Conſtitution du Pape Innocent III. de l'an 1198. par laquelle la Commanderie du S. Eſprit de Montpellier fut
déſlors établie & reconnuë Generale & Chef-d'Ordre
unique & univerſel de toutes les autres Maiſons fondées
& à fonder par tout le monde, & declarées dépendantes
d'elle ſeule : Copies imprimées de Lettres Patentes &
Declarations de pluſieurs Rois de France pour la conſer-
vation & rétabliſſement des Biens, Maiſons & Hôpitaux
dudit Ordre du S. Eſprit : L'Avis diffinitif deſd. Prelats
& Docteurs, contenant, qu'il eſt de la pieté & de la grandeur de Sa Majeſté de favoriſer le rétabliſſement dudit
Ordre des Hoſpitaliers du S. Eſprit, & les autres pieces
mentionnées audit Avis du 25. de May 1657. Oüy le Ra-
port du Sieur Poncet Commiſſaire à ce député, & tout
conſideré. LE ROY EN SON CONSEIL, avant
que faire droit ſur le rétabliſſement de l'Ordre des Hoſ-

pitaliers du S. Efprit propofé par ledit Avis des Prelats &
Docteurs à ce députez, a ordonné & ordonne, Qu'il
fera fait un dénombrement de toutes les Commanderies
dudit Ordre, & dreffé des Procés verbaux de l'état où
elles font maintenant, & de leurs revenus, avec les noms
& qualitez des Titulaires qui les poffedent, & ce par les
Procureurs Generaux des Parlemens de ce Royaume, à
quoy faire ils procederont inceffamment ; & cependant
que ledit Gaultier joüira des fruits, profits, revenus &
émolumens de ladite Commanderie du S. Efprit de Montpellier ; & fait défenfes aufdits Defecures, d'Aubry, le
Beuf, la Coray, & tous autres, de troubler ledit Gaultier en ladite joüiffance fous quelque prétexte que ce
foit, même de prendre aucune qualité dans ledit Ordre,
ny d'en porter l'Habit ny la Croix à peine de prifon & de
punition exemplaire ; ny pareillement de faire aucunes
pourfuites à cet effet, fans avoir au préalable reprefenté
leurs Titres & Capacitez, avec ceux de leurs Auteurs,
pardevant lefdits Commiffaires, pour eftre examinez par
lefdits Prelats & Docteurs fuivant lefdits Arrefts du Confeil des 19. May & 12. Decembre 1656. avec défenfes tant
à eux qu'à tous autres, de faire pourfuites ailleurs qu'audit Confeil, conformément audit Arreft. Fait au Confeil
Privé du Roy, tenu à Paris le 7. de Septembre 1657.
Signé, LA GUILLAUMIE.

ARREST DU GRAND CONSEIL
DU ROY.

Du 16. Novembre 1668.

LOUIS par la grace de Dieu, Roy de France &
de Navarre, Dauphin de Viennois, Comte de
Valentinois & Diois, Provence; Forcalquier & Terres
Adjacentes : A tous ceux qui ces prefentes Lettres
verront, SALUT. Sçavoir faifons, comme par Arreft
de ce jourd'huy donné en nôtre Grand Confeil, entre

nôtre amé & feal Bonaventure Rouſſeau de Bazoches, Evêque de Ceſarée, Conſeiller en nos Conſeils, & en nôtre Cour de Parlement de Paris , pourvû de la Commanderie Generale du S. Eſprit de la ville de Montpellier, Chef dudit Ordre , ſubrogé au lieu & droits de Frere Guillaume Henneville , cÿ-devant pourvû d'icelle demandeur en complainte , pour raiſon du poſſeſſoire de ladite Commanderie , & requerant être maintenu & gardé en la poſſeſſion & joüiſſance de ladite Commanderie , droits , fruits , profits , revenus & émolumens ; & que deffences ſoient faites à Jean Alexandre Deſecures ſe diſant Religieux , Chef General & Grand Maître dudit Ordre du S. Eſprit , & pourvû de ladite Commanderie d'en plus prendre la qualité , & d'en porter les marques , d'une part : & ledit Deſecures deffendeur d'autre part. V e u par Nôtredit Grand Conſeil , les écritures dudit Rouſſeau de Bazoches , Lettres de Tonſure & des quatre Mineurs dudit Hennevllle , du 20. Septembre 1619. Lettres de Soudiacre, Diacre & Prêtriſe accordées audit Henneville, du 18. Septembre 1621. 17. Novembre 1622. & premier Avril 1623. Bref du Pape accordé audit Henneville pour eſtre reçû Religieux dudit Ordre du S. Eſprit du 13. Mars 1660. & de reception dudit Henneville à faire profeſſion dans ledit Ordre , par le Chapitre de la Maiſon & Hôpital de Dijon , du 9. Septembre audit an, Profeſſion faite par ledit Henneville en ladite Maiſon & Hôpital , du 25. deſdits mois & an. Procuration des Religieux dudit Ordre du S. Eſprit de Dijon audit Henneville , contenant le pouvoir à luy donné , de pourſuivre tous les Procez qu'il appartiendra , du 24. Octobre audit an. Proviſions de Cour de Rome accordées audit Heneville, de la Commanderie du S. Eſprit de Montpellier , vacante par le deceds d'un nommé le Bœuf en datte , *Romæ apud Sanctam Mariam Majorem , undecimo Kalendas Martii anno ſexto.* Procuration paſſée par ledit Henneville , pour requerir pour luy le *Viſa* de l'Evêque de Montpellier, du 13. Janvier 1661. Acte de requiſition &

fommation faite audit Evêque contenant fon refus , du 15. Juin 1661. Autre fignature de Cour de Rome accordée audit Henneville de ladite Commanderie , fur la retroceffion des droits à luy faits par Jean Fromaget , dattée *Apud Sanctam Mariam Majorem , pridie idus Augufti anno nono.* Autre Procuration dudit Henneville pour prendre poffeffion , & faire tous autres Actes neceffaires , du 2. Octobre 1662. Acte de prife de poffeffion faite par ledit Henneville , de ladite Commanderie en ladite Ville de Montpellier fur les lieux , du 29. Avril 1664. Autre Provifion de Cour de Rome accordée audit Henneville par le deceds de Nicolas Gaultier , en datte *Romæ apud Sanctam Mariam Majorem feptimo idus Iulii anno undecimo.* Bulles expediées en faveur dudit Henneville par nôtre Coufin le Cardinal de Vandôme Legat *à Latere* en France , portant nouvelles Provifions de ladite Commanderie vacante , tant par le deceds des nommez la Terrade, le Bœuf & Gaultier , que par l'incapacité & nullité des Titres dudit Defecures & du nommé la Coray , & en quelqu'autre maniere que ce foit ; datte des Edits de Juin 1668. Profeffion de foy & ferment fait par ledit Henneville , entre les mains du Sieur Boufits , en execution defdites Bulles , en datte *die quinta Iunii anno* 1668. Lettres de Tonfure dudit Rouffeau de Bazoches du 5. Juin 1637. Acte contenant la confecration d'Evêque dudit Rouffeau , du 25. dudit mois d'Aouft 1658. Procuration dudit Henneville pour refigner ladite Commanderie , en faveur dudit Rouffeau de Bazoches , du 26. Juin 1668. Certificat du Banquier Expeditionnaire de Cour de Rome , contenant comme il a envoyé en ladite Cour Procuration , avec les memoires neceffaires pour obtenir des Provifions de ladite Commanderie , Chef dudit Ordre du S. Efprit , en faveur dudit Rouffeau de Bazoches , & en commande ; & que la grace a été accordée par nôtre S. Pere , du 14. Septembre 1668. Arreft de nôtre Confeil obtenu par ledit Rouffeau de Bazoches , par lequel il luy eft permis de prendre poffeffion de ladite Commanderie , à la charge d'en obtenir

nir

nir Bulles de Cour de Rome, du 30. Octobre 1668. Acte
de prife de poffeffion de ladite Commanderie faite par
ledit Rouffeau, en l'Eglife de S. Germain de l'Auxer-
rois dudit jour & an ; nôtre Brevet accordé audit
Rouffeau de Bazoches, par lequel nous luy aurions fait
don de ladite Commanderie generale, & Chef d'Ordre
du S. Efprit, & ladite ville de Montpellier vacante, en
quelque forte & maniere que ce foit par mort ou autrement, du 21. Septembre 1668. Copie de Lettres de no-
mination dudit Rouffeau de Bazoches, par Nous faite
à nôtre S. Pere le Pape, avec celles pour nôtre Coufin
le Cardinal d'Efte & l'Abbé de Bourlemont, du 21. dudit mois de Septembre 1 6 6 8. Certificat du Banquier
Expeditionnaire de Cour de Rome, contenant qu'il a
envoyé le tout en ladite Cour, pour avoir les expeditions
neceffaires, du 5. Novembre 1668. Sentence renduë en
l'Officialité de Paris, à l'encontre dudit Defecures, par
laquelle eft ordonné que celle du 18. Novembre 1 6 5 5.
fera executé, & à luy enjoint de rapporter les Origi-
naux des prétendus titres de ladite Commanderie, &
cependant luy eft fait inhibitions & deffences de
prendre la qualité de Vicaire General & Coadjuteur, Officier & Religieux dudit Ordre, n'y d'en
porter les marques exterieures fur peine de faux, &
excommunication *ipfo facto*, du 4. Mars 1 6 5 6. Autre
Sentence dudit Official à l'encontre dudit Defecures,
par laquelle entr'autres chofes, il eft déclaré excom-
munié & irregulier, pour avoir contrevenu à la Sentence dudit jour 4. Mars 1656. & s'eftre fait fubreptice-
ment conferer les Ordres facrez, avec deffences de faire
à l'avenir aucunes fonctions defdits Ordres, ny de Grand
Maître, Vicaire ou Religieux dudit Ordre, à peine
d'eftre procedé contre luy, comme un rebelle & con-
tumax, du 16. Octobre 1666. Copie d'Arreft de nôtre
Confeil d'Etat, par lequel eft ordonné que dans un
mois pour toutes préfixions & délais, ledit Defecures
fera tenu de rapporter & mettre és mains du Sieur
d'Hyonne le prétendu Brevet de la Preceptorie de

D

Montpellier , dont il se sert pour abuser le Public , &
tous autres titres si aucun il a , en vertu desquels il
prend la qualité de Vicaire General , Coadjuteur , Su-
perieur , Officier & Religieux dudit Ordre du S. Esprit ;
& cependant , que ladite Sentence dudit Official de
Paris , du 4. Mars 1656. sera executée selon sa forme &
teneur , du 19. Octobre 1666. Sentence renduë au Châ-
telet de Paris contre ledit Desecures , par laquelle il
est atteint & convaincu de débauches , excés & esca-
motteries d'argent mentionnez au Procez , & condamné
de comparoir en la Chambre nuë teste & à genoux , &
estre blâmé ; deffences à luy faites de recidiver à peine
de punition exemplaire ,. & de plus prendre la qualité
de Commandeur de l'Archihôpital de Montpellier , General & Grand Maître des Hôpitaliers du S. Esprit , &
en outre condamné en 48. livres d'amende envers Nous,
& pareille somme au pain des Prisonniers , du 7. Octobre 1667. Arrest de nôtre Cour de Parlement de Paris,
intervenu sur l'appel *à minima* , interjetté de la Sentence par nôtre Procureur General , par lequel ledit Desecures est banni du Ressort de nostredit Parlement de
Paris , pour neuf ans ; à luy enjoint de garder son Ban,
à peine de la Hart , & condamné en 100. livres d'a-
mende envers les Prisonniers de la Conciergerie , du
29. May 1668. Arrest de nostredit Conseil , portant Reglement à écrire & produire sur la complainte d'entre
ledit Henneville & Desecures , du premier Octobre
1668. Requeste dudit Rousseau de Bazoches , tendante
à fin d'estre reçû Partie intervenante en l'Instance ,
comme estant subrogé aux droits dudit Henneville , &
en consequence maintenu & gardé en la possession &
joüissance , avec la restitution des fruits , dommages &
interests & dépens , du 3. Octobre 1668. Arrest de nôtredit Conseil , par lequel ledit Rousseau est reçû Partie intervenante en l'Instance , comme étant subrogé
aux droits dudit Henneville , & ordonne qu'il satisfera
au Reglement donné , & neanmoins demeurera ledit
Henneville Partie au Procez pour les dépens de son

temps , du 4. Octobre audit an. Acte signifié à la requeste dudit Rousseau , au Procureur dudit Desecures,
contenant que le Procez est distribué à Maître Nicolas
Edoüard Olier , Conseiller en nôtre Conseil , & qu'il a
produit au Greffe sur ladite complainte du 22. dudit
mois & an. Requeste dudit Henneville employée pour
écritures & production sur ladite Instance de complainte,
du 12.Novembre 1668. & tout ce que par ledit Rousseau de
Bazoches a été mis , écrit & produit pardevers nôtredit
Conseil , & que de la part dudit Desecures n'a été aucune chosemis , écrit ny produit , ains a été & est dûë-
ment forclos : Conclusions de nôtre Procureur General.
ICELUY NÔTREDIT GRAND CONSEIL , faisant droit
sur ladite complainte , a maintenu & gardé ledit Rousseau de Bazoches Evêque de Cesarée , en la joüissance
de ladite Commanderie Generale du S. Esprit de la
ville de Montpellier , Chef dudit Ordre , droits , fruits,
revenus & émolumens en dépendans ; A levé & ôté à
son profit , nôtre main & tous autres empêchemens , si
aucuns ont été mis & apposez sur lesdits fruits ; fait
deffences audit Desecures & à tous autres de l'y troubler , comme aussi d'en prendre la qualité , ny d'en
porter les marques , à la charge par ledit Rousseau de
Bazoches d'en obtenir Bulles & Provisions de Cour de
Rome dans six mois. A condamné ledit Desecures à la
restitution des fruits , depuis le jour de la prise de possession dudit Henneville , si aucuns il a pris & perçûs,
& aux dépens envers ledit Rousseau de Bazoches.
Enjoint aux Officiers & Religieux dudit Ordre , & à
tous autres qu'il appartiendra , de ne reconnoître à
l'avenir autre Chef & General dudit Ordre que ledit
Rousseau de Bazoches , & luy obeïr en tout ce qui dé-
pend de ladite Charge & Dignité. SI DONNONS
EN MANDEMENT au premier de nos amez & feaux
Conseillers de nôtredit Conseil trouvé sur les lieux , &
en son absence , refus ou legitime excuse , au premier
Juge Royal desdits lieux sur ce requis , qu'à la requeste
dudit Messire Rousseau de Bazoches Evêque de Cesarée,

Conseiller en nos Conseils , & en nôtre Cour de Parlement de Paris, Chef, General & Grand Maître dudit Ordre, & Commandeur de ladite Commanderie de la ville de Montpellier, le present Arrest il mette à dûë & entiere execution selon sa forme & teneur , en contraignant à ce faire , souffrir & obeïr tous ceux qu'il appartiendra , & qui sont à contraindre , nonobstant oppositions ou appellations quelconques & sans préjudice d'icelles , pour lesquelles ne voulons être differé, de ce faire Vous donnons pouvoir. Mandons en outre au premier des Huissiers de nôtre Grand Conseil, en ce qui est executoire en nôtre Cour & suite, & hors d'icelle, au premier des Huissiers ou autre nôtre Huissier ou Sergent sur ce requis , faire pour l'execution des Presentes, toutes significations, sommation, injonction, commandemens, & deffences & contraintes, & autres Actes de Justice necessaires , de ce faire donnons pouvoir, sans pour cela demander Visa ny Pareatis, & nonobstant clameur de Haro, Chartes Normandes, prises à partie, & toutes autres Lettres à ce contraires. Prions & requérons nôtre S. Pere le Pape, son Vice-Legat en Avignon , & autres Princes & Potentats, de souffrir l'execution des Presentes, dans les Terres, Païs & Seigeuries de leur obeïssance , offrant en pareil cas faire le semblable. En témoin de quoy Nous avons fait mettre nostre Scel à cesdites Presentes. DONNE' en nôtredit Grand Conseil à Paris, le 16. Novembre, l'an de grace 1668. & de nôtre Regne le 26. Signé, Par le Roy Dauphin, Comte de Provence , à la relation des Gens de son Grand Conseil. Signé, HERBIN , & scellé.

www.ingramcontent.com/pod-product-compliance
Lightning Source LLC
LaVergne TN
LVHW012112170726
843501LV00008BC/2835